DESISTIR PARA RECOMEÇAR

CLÁUDIA LAGO

DESISTIR
PARA
RECOMEÇAR

Mudar de caminho pode ser
a melhor escolha de sua vida

lura

Copyright © 2022 por Cláudia Lago
Todos os direitos reservados.

Gerente Editorial
Roger Conovalov

Diagramação
André Barbosa

Capa
Lura Editorial

Revisão
Alessandro de Paula
Carla Romanelli

Impressão
PSi7

Todos os direitos reservados. Impresso no Brasil.
Nenhuma parte deste livro pode ser utilizada, reproduzida ou armazenada em qualquer forma ou meio, seja mecânico ou eletrônico, fotocópia, gravação etc., sem a permissão por escrito da autora.

DADOS INTERNACIONAIS DE CATALOGAÇÃO NA PUBLICAÇÃO (CIP)
(Câmara Brasileira do Livro, SP, Brasil)

Lago, Cláudia
    Desistir para recomeçar / Cláudia Lago. -- 1. ed. -- São Caetano do Sul, SP : Lura Editorial, 2022.
    92 p.

ISBN 978-65-80430-63-5

1. Auto-ajuda 2. Desenvolvimento pessoal I. Editorial, Lura.

CDD: 158.2

Elaborada por Bibliotecária Janaina Ramos – CRB-8/9166

[2022]
Lura Editorial
Rua Manoel Coelho, 500, sala 710, Centro
09510-111 - São Paulo - SP - Brasil
www.luraeditorial.com.br

PREFÁCIO

A PERSISTÊNCIA TEM SIDO UMA DAS CARACTERÍSTICAS mais incentivadas através das mensagens divulgadas nos livros, revistas, rádios, canais de televisão e redes sociais, entre outros. Os meios de comunicação apresentam diariamente, em sua programação, escritores, palestrantes, líderes espirituais de diversos credos, incentivando às pessoas a perseverarem em seus propósitos.

A busca pelo sucesso a partir da persistência e da perseverança, sem sombra de dúvida, tem sido a maior estratégia utilizada pela humanidade, principalmente pelas pessoas empreendedoras. Nesse contexto, surge a necessidade de chamar a atenção da sociedade para um fator importantíssimo e ao mesmo tempo bastante delicado, pois, por mais que não queiramos admitir, há casos em que a desistência pode ser apenas uma primeira fase para a obtenção de um grande êxito.

Essa afirmação se consolida de maneira mais evidente quando nos possibilitamos a oportunidade de diferenciar a essência literária de duas palavras: persistência e teimosia. Outro aspecto que não deve ser desprezado é a conscientização de que ter sucesso na vida representa a capacidade de atender às suas próprias aspirações e não às aspirações de terceiros; por mais que eles sejam importantes na nossa vida. Por esse motivo, devemos perceber que a cada um de nós foi dado o livre-arbítrio para decidir o caminho que desejamos trilhar.

Só mesmo o indivíduo tem o poder de decidir se deve ou não continuar tentando alcançar determinado propósito ou se deve desistir; ou mudar de opinião, foco, intenção, pois à medida que o tempo passa, as coisas se transformam e as nossas aspirações vão se atualizando. Neste sentido, devemos ter o cuidado e o compromisso de não abdicar da liberdade de escolha que nos foi "imposta", no bom sentido, pelo Criador.

Além da existência, um dos maiores presentes que o homem recebeu de Deus foi a liberdade de escolha e a capacidade de decidir sobre sua própria vida.

É lamentável que muitos de nós nos deixemos levar pela frase *"Um vencedor não desiste nunca"*, porque, com isso, tornamo-nos obstinados, inflexíveis, relutantes e, sem perceber, permanecemos no erro durante uma boa parte do pouco tempo que passamos na Terra, a realizar projetos que não foram idealizados por nós ou que, apesar de terem sido idealizados, já não fazem mais parte dos nossos anseios.

Abdicamos dos nossos propósitos, das nossas convicções, para não desagradar aos outros, mesmo estando conscientes de que a nossa persistência não tem nos levado a lugar algum.

Se você se encontra preso numa cadeia mental, cheio de culpa, insatisfação, medo, complexo de inferioridade, tentando se adaptar a uma realidade que não é a sua, insistindo numa profissão para a qual não tem vocação, mantendo um relacionamento desgastado só para mostrar que tem uma companhia e para isso vive a angústia de sentir solidão a dois, ou até mesmo tem se privado de assumir posições e atitudes contrárias às que tem praticado, por medo de decepcionar as pessoas que fazem parte do seu grupo, liberte-se. Chegou a hora de buscar novas possibilidades e estratégias, abrir mão dessas práticas desconfortáveis e dar início a uma nova vida, alicerçada em projetos e sonhos idealizados por você, mas que tem à frente o grande administrador do Universo.

Saiba que a vitória vem de Deus. Só Ele concede os dons, só Ele tem a condição de orientá-lo e, à medida que essa consciência vai se fortalecendo, você passa a ter ânimo para descobrir os meios necessários e como alcançar seus objetivos. Com sabedoria e bom-senso as oportunidades vão sendo vistas, portanto, antes de tomar qualquer atitude, atente para um detalhe imprescindível, ensinado no Novo Testamento:

CADA UM TENHA OPINIÃO BEM DEFINIDA EM SUA PRÓPRIA MENTE. (ROMANOS 14:5)

É preciso visualizar claramente o que se deseja alcançar, traçar uma meta, ter coragem, determinação e muita fé para superar as dificuldades e críticas, além dos obstáculos encontrados durante a caminhada. Não poupe esforços nem espere pelos outros. Siga seu caminho olhando para frente. Cultive a paciência, a humildade e ao mesmo tempo seja dotado de brio, ilustre. Quando as coisas estiverem dando certo, seja humilde; quando fracassar, seja altivo. Se for necessário estudar, estude; se for necessário trabalhar dobrado, trabalhe; às vezes é indispensável abrir mão de relacionamentos, status social, mas certamente Deus, o Espírito Criador do Universo, abrirá as portas necessárias para a concretização dos seus novos planos e sonhos.

EU IREI ADIANTE DE TI E ENDIREITAREI OS CAMINHOS TORTUOSOS; QUEBRAREI AS PORTAS DE BRONZE E DESPEDAÇAREI OS FERROLHOS DE FERRO. DAR-TE-EI OS TESOUROS ESCONDIDOS, E AS RIQUEZAS ENCOBERTAS, PARA QUE SAIBAS QUE EU SOU O SENHOR, O DEUS DE ISRAEL, QUE TE CHAMA PELO TEU NOME. (ISAÍAS 45:2-3)

A partir dessa nova maneira de enxergar o mundo, seguro dos seus novos ideais, da nova vida que pretende levar, consciente de que o indivíduo tem condição de compor e protagonizar sua própria história, valerá a pena colocar em prática os ensinamentos dos líderes religiosos, dos palestrantes e escritores, no que se refere à questão da persistência. Mas lembre-se: ser bem-sucedido, antes de tudo, é viver de acordo com seus próprios anseios e, para que isso aconteça, às vezes é preciso desistir e reformular a própria vida.

Primavera de 2010
A AUTORA

SUMÁRIO

Introdução 13

Capítulo 1 - Desistir para Recomeçar 18

Capítulo 2 - A Desistência de um Ungido de Deus 28

Capítulo 3 - Evitar Tragédias e Receber Bênçãos 38

Capítulo 4 - Reconstruindo a Vida Sentimental 50

Capítulo 5 - Fim para Uns, Início para Outros 62

Capítulo 6 - Axioma Feminino 76

INTRODUÇÃO

EXISTEM PESSOAS QUE, DESDE MUITO CEDO, MESMO QUANdo ainda são crianças, projetam, idealizam e descobrem uma missão na vida.

Geralmente, suas escolhas estão associadas a profissões de sucesso exploradas pela mídia e, na maioria das vezes, com trajetória fugaz. Todavia, sempre existe aquela pessoa que sonha com casamento, ter filhos, formar uma família, ser feliz.

Não é difícil encontrar por aí quem desejou tudo isso e esteja plenamente realizado.

Entretanto, em todas as situações da vida, há sempre a contramão da história.

Infelizmente, ocorre a possibilidade de os planos não darem certo, apesar dos esforços e das inúmeras tentativas.

Foi justamente por observar a possibilidade de as coisas tomarem caminhos diferentes das desejadas que resolvi escrever sobre a necessidade da desistência.

Nesse sentido, após ter feito uma profunda reflexão acerca dos casos que me foram contados; das experiências vivenciadas por mim e por pessoas do meu convívio; das "flechas dos anjos" indicando novas oportunidades e novos caminhos, eu percebi a necessidade de desistir para recomeçar. Dessa forma, tentarei em poucas páginas divulgar, e até mesmo declarar, um novo provérbio:

"DESISTIR PARA RECOMEÇAR É SE PERMITIR UMA NOVA HISTÓRIA"

Se as coisas que desejamos não aconteceram, se os planos que fizemos não se concretizaram, talvez seja a hora de sonharmos novos sonhos, realizarmos novos projetos, afinal, nunca é tarde para recomeçarmos.

"EMBORA NINGUÉM POSSA VOLTAR ATRÁS E FAZER UM NOVO COMEÇO, QUALQUER UM PODE COMEÇAR AGORA E FAZER UM NOVO FIM."
CHICO XAVIER (1910-2002)

É claro que a desistência é um tema delicado e deve ser tratado com muito cuidado, visto que vivemos numa sociedade que não admite falar em desistir. Por esse motivo, e como forma de me defender dos inúmeros ataques e críticas, resolvi me apropriar de algumas histórias contadas através das Escrituras Sagradas, tanto no Velho como no Novo Testamento.

Todos esses relatos nos levarão, por consequência, a crer que há situações em que a desistência nos conduz a novas vitórias que, por sua vez, nos proporcionam uma melhor visão de mundo e, certamente, uma maneira renovada de encontrar a tão sonhada realização pessoal.

Acredito que, em algumas situações, seja necessário examinar as Escrituras Sagradas para encontrar embasamento sobre alguns relatos aqui apresentados. Nessa oportunidade, darei ênfase à necessidade de se impor e não se preocupar com a opinião alheia.

Não se trata de ser egoísta, mas há situações em que devemos privilegiar a nossa vontade.

Esta obra enfatiza e reproduz partes de livros e textos bíblicos com nomes de mulheres sábias e orientadas por Deus; verdadeiras guerreiras na fé e determinadas; mulheres capazes de submeter homens poderosos às orientações e aos conselhos sugeridos pelos tementes ao Senhor, tendo discernimento para tomar decisões que transformaram suas vidas e a vida das pessoas que se subordinaram a utilizar o bom senso.

Também se trata de uma obra que propicia a continuidade do livro, também de minha autoria, "Desistir pode ser a melhor opção".

A AUTORA

"AO COMPARARMOS A NOSSA VIDA COM A CRIAÇÃO DE UM LIVRO, VEMOS QUE A CADA DIA A VIDA NOS ENTREGA UMA PÁGINA EM BRANCO PARA ESCREVERMOS A NOSSA PRÓPRIA HISTÓRIA."

(Cláudia Lago)

CAPÍTULO I
DESISTIR PARA RECOMEÇAR

"SE COMPARARMOS AS NOSSAS VIDAS COM A LEITURA DE UM LIVRO, AS PÁGINAS SERÃO COMO OS DIAS, E OS CAPÍTULOS SERÃO EPISÓDIOS VIVIDOS."

TANTO NA VIDA COMO NA FICÇÃO, NOS DEPARAMOS COM as mais variadas situações: aventura, comédia, romance, tragédia etc. Ao lermos um livro, acreditamos que todo conteúdo encontrado foi definido pelo autor. Acontece que o autor pode até idealizar qual segmento pretende desbravar, entretanto o autor é "forçado" a se deixar levar por situações que vão se conectando umas às outras, fazendo com que ele perceba que, mesmo sendo o responsável pela obra, há indubitavelmente a interferência do Universo, e as personagens, o cenário, o tempo e demais elementos vão se delineando.

Isso é algo mágico, que foge ao controle do "criador". Na verdade, o cenário, a época, o clima e a região onde se passa a história, a cultura, a personalidade de cada personagem passam a nortear o responsável pela obra – o criador.

Na criação de uma obra literária, as ideias vão surgindo e o autor dá apenas passagem ao estabelecido num mundo que eu chamaria de paralelo ou mundo das ideias.

Se numa obra de ficção literária ocorre essa interferência cósmica, como negá-la em nossa vida cotidiana?

No entanto, isso ocorre também em outras manifestações culturais, como a pintura. Ao assistir uma entrevista com um artista plástico bem-conceituado no Brasil e no mundo, atentei para o seguinte relato:

> É o quadro que estou pintando que vai me dizendo o que fazer. (...) É muito difícil entender isso, mas quando estou pintando, o quadro me diz: "Põe lá... faz isso..." É uma sensação estranhíssima (...) Vou ouvindo a voz, aí vou entendendo que é o momento de parar. Não pelo fato de ter acabado. (...) Eu interrompo por uma conveniência, mas na verdade não acaba nunca. *Erico Bianco* Na vida, autor e personagem se confundem, e a cada dia descobrimos que não somos detentores de todos os acontecimentos ao nosso redor, uma vez que, querendo ou não, o acaso existe.

Nós, seres humanos, somos influenciados pelas pessoas, pelo ambiente, pelas circunstâncias. Uma série de fatores faz parte das nossas decisões e do tipo de comportamento que apresentamos. Às vezes, um simples olhar, ou a falta dele, modifica toda uma forma de se relacionar com as pessoas e com o mundo. Na vida, apesar de surgirem inúmeras possibilidades agradáveis, surpreendentes, maravilhosas, capazes de provocar as mais variadas e agradáveis sensações de êxito e satisfação, surgem também imprevistos, fatalidades, desencontros, desentendimentos e fracassos. Nem sempre as coisas saem da maneira que gostaríamos que elas acontecessem, visto que há sempre a possibilidade de algo fugir de nossas expectativas.

Confesso que acredito na capacidade de realização de projetos e planos idealizados por alguns indivíduos. Existem, sim, aqueles que persistiram num propósito e obtiveram grandes resultados. Todos nós conhecemos alguém bem-sucedido que idealizou um projeto e conseguiu a plena realização. Irei até um pouco mais longe: conhecemos até mesmo quem nem projetou, quem nem imaginava chegar onde chegou e hoje vive uma vida abundante, próspera e abençoada.

Por outro lado, existem também aqueles que, mesmo se esforçando ao máximo, sendo dedicados, comprometidos e persistentes, não conseguiram obter o êxito tão almejado.

Alguns desses indivíduos passam anos e anos insistindo no mesmo propósito, e utilizando-se das mesmas estratégias, da mesma metodologia, das mesmas ferramentas, mas sem nada conseguirem, o que é pior.

Observando a falta de êxito em algumas áreas da vida por indivíduos esforçados, foi que resolvi me dedicar e buscar uma maneira de receber inspiração do Universo para tratar desse assunto tão desprezado que é a desistência.

Jovens da minha geração leram livros de autoajuda, e eu não tenho nada contra eles. A bem da verdade, existem autores maravilhosos que contribuíram bastante para a minha formação. Ensinamentos jamais esquecidos! Como eu amei ler o livro "Pés no Chão, Cabeça nas Estrelas" (1999), escrito pelo Dr. Lair Ribeiro. Neste livro tem uma frase que mudou minha vida: "Viva a sua vida e deixe que os outros vivam a deles." Não consigo esquecê-la!

Foram tantos livros que li. Cada um melhor que o outro. Lógico que encontrei também pessoas preconceituosas que criticavam esse tipo de leitura, mas o bom da vida é justamente ter liberdade para fazermos o que nos convém.

Cem por cento dos livros que li na minha juventude falavam sobre a necessidade de persistir e nunca desistir. Passei um tempo, na verdade alguns anos, pensando: "Será que vai dar certo afirmar o contrário?".

Pois bem, esse é o X da questão. Contudo, não é fácil mudar de planos. Muito pelo contrário: uma das coisas mais difíceis é desistir. É preciso ter muita coragem para desistir. Há um pensamento que diz: "Uns desistem, outros fracassam, fracassam, fracassam... até obterem o sucesso."

Talvez esta afirmação seja a maior declaração de que desistir não é sinônimo de fracassar.

Vários de nós acreditam que desistir tem o mesmo significado de fracassar.

Todos os dias, ao acordar, recebo mensagens lindas com frases de encorajamento. Sempre tem alguma que vem escrita com letras garrafais:

"NÃO DESISTA!!!"

Nunca recebi algo como:

"SE VOCÊ SENTIR QUE SUA ATITUDE VAI MACHUCAR ALGUÉM, DESISTA ANTES QUE SEJA TARDE!!!"

"DESISTIR DE ALGO QUE LHE FAZ MAL PODERÁ LHE FAZER MUITO BEM!!!"

A desistência tratada nesta obra tem o objetivo de buscar novos horizontes e novas perspectivas para a vida. Não se trata de desistir por desistir, trata-se da utilização do bom-senso.

Desistir faz parte da vida. Que sentido tem persistir no erro? Portanto, concordo em nunca desistir de ser feliz, porém apoio e admiro todos que desistem de permanecer no erro, no ódio, no vício e na obsessão.

À vista disso, se você deseja mudar de opinião, de profissão, de trabalho, de cidade, de religião, de relacionamento etc., prepare-se para uma grande batalha.

As melhores armas serão a paciência, a compreensão, a resiliência e o perdão.

Nos dias de hoje, quando temos a oportunidade de expor e divulgar nossas ideias e pensamentos através das redes sociais e postamos algo, mas em seguida voltamos atrás, surgem muitos comentários deselegantes. Isso porque a grande maioria não compreende que voltar atrás nem sempre é sinônimo de retroceder. Pode até ser, literalmente falando, mas na prática nós sabemos que poderá ser o caminho para o sucesso.

Assumir uma mudança de interpretação, de ideia e de opinião é ser flexível, e isso para algumas pessoas têm o mesmo significado que falta de caráter.

Fazemos parte de uma sociedade, interagindo com a família, amigos, colegas de trabalho, vizinhos, ou seja, estamos envolvidos com outras pessoas. Não somos seres absolutos e muito menos vivemos num planeta feito exclusivamente para um habitante. Neste sentido, temos que aprender a conviver com as críticas. Uns dão mais importância a elas, e outros menos, mas não vamos negar o óbvio. Sendo assim, o importante é que tenhamos a consciência de que, embora façamos parte da sociedade ou de um determinado grupo, somos seres individuais.

Parece um pouco complicado, todavia somos livres para decidir a hora de mudar. Isso significa que esta decisão é personalíssima, ou seja, ninguém pode decidir senão nós mesmos.

Não cabe a outro, exceto a nós mesmos, o poder de decidir se devemos continuar fazendo as mesmas coisas ou se devemos mudar de planos, de opção de vida.

> **"SE TU QUERES CAMINHAR, NÃO SIGA FAZENDO AS MESMAS COISAS."**

Ao compararmos a nossa vida com a criação de um livro, vemos que a cada dia a vida nos entrega uma página em branco para escrevermos a nossa história.

Entretanto, é necessário perceber e, consequentemente, aceitar as influências exteriores que podem contribuir ou não para a concretização do nosso propósito.

Penso que um dos aspectos mais importantes que deve ser levado em consideração é o livre-arbítrio, tanto o nosso como o do outro.

Em outras palavras, temos que ser fortes para tomar a decisão da desistência e assumir que todos os esforços não foram suficientes para a obtenção do sucesso desejado. Resta apenas uma solução: virar a página e iniciar um novo capítulo do livro chamado "vida".

Parece loucura, mas até os grandes guerreiros desistiram. Homens e mulheres ungidos de Deus tomaram decisões e voltaram atrás após refletirem a respeito das consequências causadas pela continuidade de seus planos.

No capítulo seguinte, apresento-lhe, extraído do Velho Testamento, no livro I Samuel 25:1-42, um exemplo de desistência que recebe o aval do nosso Deus Todo Poderoso.

EMPREENDEI TODOS OS ESFORÇOS PARA VIVER EM PAZ COM TODOS. AMADOS, JAMAIS PROCURAI VINGAR-VOS A VÓS MESMOS, MAS ENTREGAI A IRA A DEUS, POIS ESTÁ ESCRITO: "MINHA É A VINGANÇA! EU RETRIBUIREI", DECLAROU O SENHOR. AO CONTRÁRIO: "SE O TEU INIMIGO TIVER FOME, DÁ-LHE DE COMER; SE TIVER SEDE, DÁ-LHE DE BEBER; PORQUANTO AGINDO ASSIM AMONTOARÁS BRASAS VIVAS SOBRE A CABEÇA DELE.

(Romanos 12:18- 20)

CAPÍTULO II
A DESISTÊNCIA DE UM UNGIDO DE DEUS

SAMUEL MORREU, E TODO O ISRAEL SE REUNIU E O PRAN-
teou; e o sepultaram onde tinha vivido, em Ramá. Depois Davi foi para o deserto de Maom.

Certo homem de Maom, que tinha seus bens na cidade de Carmelo, era muito rico. Possuía mil cabras e três mil ovelhas, as quais estavam sendo tosquiadas em Carmelo.

Seu nome era Nabal e o nome de sua mulher era Abigail, mulher inteligente e bonita; mas seu marido, descendente de Calebe, era rude e mau.

No deserto, Davi ficou sabendo que Nabal estava tosquiando as ovelhas.

Por isso, enviou dez rapazes, dizendo-lhes: "Levem minha mensagem a Nabal, em Carmelo, e cumprimentem-no em meu nome."

Digam-lhe: "Longa vida para o senhor! Muita paz para o senhor e sua família! E muita prosperidade para tudo o que é seu!

Sei que você está tosquiando suas ovelhas. Quando os seus pastores estavam conosco, nós não os maltratamos e, durante todo o tempo em que estiveram em Carmelo, nada que era deles se perdeu.

Pergunte a eles, e eles lhe dirão. Por isso, seja favorável, pois estamos vindo em época de festa. Por favor, dê a nós, seus servos, e a seu filho Davi o que puder."

Os rapazes foram e deram a Nabal essa mensagem, em nome de Davi. E ficaram esperando.

Nabal respondeu, então, aos servos de Davi: "Quem é Davi? Quem é esse filho de Jessé? Hoje em dia muitos servos estão fugindo de seus senhores.

Por que deveria eu pegar meu pão e minha água, e a carne do gado que abati para meus tosquiadores, e dá-los a homens que vêm não se sabe de onde?".

Então, os mensageiros de Davi voltaram e lhe relataram cada uma dessas palavras.

Davi ordenou a seus homens: "Ponham suas espadas na cintura!" Assim eles fizeram e também Davi. Cerca de quatrocentos homens acompanharam Davi, enquanto duzentos permaneceram com a bagagem.

Um dos servos disse a Abigail, mulher de Nabal: "Do deserto, Davi enviou mensageiros para saudar o nosso senhor, mas ele os insultou. No entanto, aqueles homens foram muito bons para conosco. Não nos maltrataram, e, durante todo o tempo em que estivemos com eles nos campos, nada perdemos.

Dia e noite eles eram como um muro ao nosso redor, durante todo o tempo em que estivemos com eles cuidando de nossas ovelhas.

Agora, leve isso em consideração e veja o que a senhora pode fazer, pois a destruição paira sobre o nosso senhor e sobre toda a sua família. Ele é um homem tão mau, que ninguém consegue conversar com ele."

Imediatamente, Abigail pegou 200 pães, duas vasilhas de couro cheias de vinho, cinco ovelhas preparadas, cinco medidas de grãos torrados, 100 bolos de uvas-passas e 200 bolos de figos prensados, e os carregou em jumentos.

E disse a seus servos: "Vocês vão na frente; eu os seguirei." Ela, porém, nada disse a Nabal, seu marido.

Enquanto ela ia montada num jumento, encoberta pela montanha, Davi e seus soldados estavam descendo em sua direção, e ela os encontrou.

Davi tinha dito: "De nada adiantou proteger os bens daquele homem no deserto, para que nada se perdesse. Ele me pagou o bem com o mal.

Que Deus castigue Davi, e o faça com muita severidade, caso até de manhã eu deixe vivo um só do sexo masculino de todos os que pertencem a Nabal!".

Quando Abigail viu Davi, desceu depressa do jumento e prostrou-se perante Davi com o rosto em terra.

Ela caiu a seus pés e disse: "Meu senhor, a culpa é toda minha. Por favor, permite que tua serva te fale; ouve o que ela tem a dizer.

Meu senhor, não dês atenção àquele homem mau, Nabal. Ele é insensato, conforme o significado do seu nome; e a insensatez o acompanha. Contudo, eu, tua serva, não vi os rapazes que meu senhor enviou.

Agora, meu senhor, juro pelo nome do Senhor e por tua vida que foi o Senhor que te impediu de derramar sangue e de te vingares com tuas próprias mãos. Que teus inimigos e todos os que pretendem fazer-te mal sejam castigados como Nabal.

E que este presente que esta tua serva trouxe ao meu senhor seja dado aos homens que te seguem.

Esquece, eu te suplico, a ofensa de tua serva, pois o Senhor certamente fará um reino duradouro para ti, que travas os combates do Senhor. E, em toda a tua vida, nenhuma culpa se ache em ti.

Mesmo que alguém te persiga para tirar-te a vida, a vida de meu senhor estará firmemente segura como a dos que são protegidos pelo Senhor, o teu Deus. Mas a vida de teus inimigos será atirada para longe como por uma atiradeira.

Quando o Senhor tiver feito a meu senhor todo o bem que prometeu e te tiver nomeado líder sobre Israel, meu senhor não terá no coração o peso de ter derramado sangue desnecessariamente, nem de ter feito justiça com tuas próprias mãos. E, quando o Senhor tiver abençoado a ti, lembra-te de tua serva."

Davi disse a Abigail: "Bendito seja o Senhor, o Deus de Israel, que hoje a enviou ao meu encontro.

Seja você abençoada pelo seu bom-senso e por evitar que eu hoje derrame sangue e me vingue com minhas próprias mãos.

De outro modo, juro pelo nome do Senhor, o Deus de Israel, que evitou que eu fizesse mal a você, que, se você não tivesse vindo depressa encontrar-me, nem um só do sexo masculino pertencente a Nabal teria sido deixado vivo ao romper do dia."

Então Davi aceitou o que Abigail lhe tinha trazido e disse: "Vá para sua casa em paz. Ouvi o que você disse e atenderei ao seu pedido."

Quando Abigail retornou a Nabal, ele estava dando um banquete em casa, como um banquete de rei. Ele estava alegre e bastante bêbado, e ela nada lhe falou até o amanhecer.

De manhã, quando Nabal estava sóbrio, sua mulher lhe contou tudo; ele sofreu um ataque e ficou paralisado como pedra.

Cerca de dez dias depois, o Senhor feriu Nabal, e ele morreu.

Quando Davi soube que Nabal estava morto, disse: "Bendito seja o Senhor, que defendeu a minha causa contra Nabal, por ter me tratado com desprezo. O Senhor impediu seu servo de praticar o mal e fez com que a maldade de Nabal caísse sobre a sua própria cabeça." Então Davi enviou uma mensagem a Abigail, pedindo-lhe que se tornasse sua mulher.

Seus servos foram a Carmelo e disseram a Abigail: "Davi nos mandou buscá-la para que seja sua mulher."

Ela se levantou, inclinou-se com o rosto em terra e disse: "Aqui está a sua serva, pronta para servi-los e lavar os pés dos servos de meu senhor."

Abigail logo montou num jumento e, acompanhada por suas cinco servas, foi com os mensageiros de Davi e tornou-se sua mulher.

Como vimos, o bom-senso de Abigail, declarado pelo próprio Davi no versículo 33, fez com que o futuro rei de Israel aguçasse também seu próprio bom-senso e desistisse de cometer uma catástrofe. Abigail foi o canal para curar as inferioridades de Davi. A atitude dessa mulher inteligente e sábia e as palavras que usou foram suficientes para deter mais de 400 homens.

Considerando os acontecimentos acima narrados, não nos resta dúvida de que o bom-senso é uma das características mais preciosas que o ser humano possui.

Colocar em prática essa delicadeza de sentimentos é imprescindível para perceber e decidir qual o momento certo e quais atitudes devem ser tomadas para a obtenção do bom êxito.

Como vimos, é importante ouvir pessoas inteligentes e sábias, e depois analisarmos as condições favoráveis para a realização de um projeto.

No entanto, existem momentos que, mesmo não se conseguindo perceber através dos órgãos sensoriais qual o resultado de algumas ações (talvez pelo fato delas dependerem do sentimento de outras pessoas), emana bem lá no íntimo da alma uma voz interior capaz de direcionar, naquele exato momento ou diante de determinada situação, o indivíduo para continuar perseguindo aquilo que foi proposto ou simplesmente desistir.

O grande impasse é que, às vezes, a voz que ouvimos no fundo da nossa alma nos diz que chegou o momento de parar, recuar, abrir mão de algo ou mudar de objetivo devido às condições desfavoráveis.

Quero chamar a atenção do leitor para um fato primordial na análise do contexto apresentado: Davi estava pensando em vingança quando decidiu exterminar os homens da família de Nabal, mas ao ser interceptado por Abigail e colocar em prática o bom-senso, desistiu de cometer tal delito, e ao relevar a atitude grosseira e a falta de consideração de Nabal, ele liberou, automaticamente, o perdão. É justamente quando liberamos o perdão que Deus entra, age e faz proceder as coisas de maneira justa. Deus é amor sobre todas as coisas, porém Ele também é justiça.

> Empreendei todos os esforços para viver em paz com todos. Amados, jamais procurai vingar-vos a vós mesmos, mas entregai a ira a Deus, pois está escrito: "Minha é a vingança! Eu retribuirei", declarou o Senhor. Ao contrário: "Se o teu inimigo tiver fome, dá-lhe de comer; se tiver sede, dá-lhe de beber; porquanto agindo assim amontoarás brasas vivas sobre a cabeça dele. (Romanos 12:18-20)

Neste cenário entre guerreiros e homens poderosos, quem realmente se destacou foi uma mulher. Abigail não era uma mulher qualquer. Com a força das suas palavras, conseguiu deter mais de 400 homens armados, prontos para causar destruição.

Tais atitudes de Abigail, como dar ouvidos ao seu servo; apressar-se para atender ao pedido de Davi; a sua submissão ao encontrar-se com ele e implorar, prostrada aos pés do futuro rei de Israel; contar o ocorrido ao seu marido só no dia seguinte, no momento em que ele estava sóbrio, denotam a sabedoria divina.

Por outro lado, a escolha de desistir do que já havia sido planejado, diante da multidão formada por mais de 400 guerreiros, não deixou de ser um ato de muita coragem.

E nós aqui preocupados em deixar de fazer algo que prometemos a algum amigo ou conhecido.

PORTANTO, QUEM OUVE ESTAS MINHAS PALAVRAS E AS PRATICA É COMO UM HOMEM PRUDENTE QUE CONSTRUIU A SUA CASA SOBRE A ROCHA. CAIU A CHUVA, TRANSBORDARAM OS RIOS, SOPRARAM OS VENTOS E DERAM CONTRA AQUELA CASA, E ELA NÃO CAIU, PORQUE TINHA SEUS ALICERCES NA ROCHA. MAS QUEM OUVE ESTAS MINHAS PALAVRAS E NÃO AS PRATICA É COMO UM INSENSATO QUE CONSTRUIU A SUA CASA SOBRE A AREIA. CAIU A CHUVA, TRANSBORDARAM OS RIOS, SOPRARAM OS VENTOS E DERAM CONTRA AQUELA CASA, E ELA CAIU. E FOI GRANDE A SUA QUEDA.

(MATEUS 7:24-27)

CAPÍTULO III

EVITAR TRAGÉDIAS E RECEBER BÊNÇÃOS

NO CAPÍTULO ANTERIOR, NÓS LEMOS HISTÓRIAS ANTIquíssimas encontradas no Velho Testamento em que as circunstâncias levaram pessoas autênticas e decididas a desistirem de seus planos e seguirem novos caminhos.

Notem que, em ambos os casos, tanto para Davi como para Abigail, o que parecia problema virou bênção. Tem quem diga a seguinte frase: **"Às vezes, a bênção vem disfarçada de problema."** Jamais passou pela cabeça de Davi que sua nova esposa viesse a ser justamente Abigail, uma mulher que é descrita na história como bonita e inteligente. Eu acrescentaria que, além dessas duas grandes qualidades, Abigail possuía a mais valiosa de todas, que é a sabedoria.

Só mesmo uma mulher sábia agiria com tanta precisão. A situação necessitava de uma atitude urgente, e ela foi ágil, não pensando duas vezes em providenciar todos os alimentos necessários para atender ao pedido de Davi, mesmo que isso significasse ir de encontro às ordens do seu marido.

O desapego aos bens materiais proporcionou a prática da fraternidade, dividindo o que ela tinha em abundância. Isso sem falar na gratidão e senso de justiça, visto que, durante o tempo da permanência dos guerreiros ao redor de suas terras, nada do que pertencia ao seu marido foi perdido.

Ao encontrar-se com Davi, Abigail aconselhou o futuro rei de Israel a não agir por impulso, o que fez com que sua família e seus empregados fossem salvos.

Portanto, em questões de minutos ou de poucas horas, Abigail colocou em prática inúmeras qualidades que só mesmo uma mulher bonita em amplo sentido possui: determinação, coragem, agilidade, desapego, justiça, bondade e outros dotes.

Todas essas qualidades foram vistas e analisadas pelo futuro rei, que, após ser informado da morte de Nabal, a tomou como esposa, e ela mais uma vez nem olhou para trás: virou a página e seguiu em frente, rumo a uma nova vida. O passado ficou para trás, e o futuro seria construído a partir do presente que Deus lhe proporcionara.

Nesse caso, uma situação iniciada com muita turbulência acabou dando origem a um novo relacionamento.

Abigail e Davi, provavelmente, viveram felizes, como acontece na maioria das histórias românticas que vemos por aí.

Vimos que a desistência de Davi em relação à vingança e à destruição da família de Abigail ocasionou um recomeço para ambos.

O próprio Deus resolveu a situação de Davi e, ao mesmo tempo, preparou uma nova oportunidade para Abigail no que se refere à vida sentimental.

Falando em sentimentos, iremos agora tratar de um assunto polêmico: o livre-arbítrio. Cada indivíduo, como o próprio nome diz, carrega a sua essência, sua maneira particular de enxergar o mundo. Existem inúmeras maneiras de agir diante da mesma situação. A depender do ponto de vista de cada um, podemos até defender uma tese de maneira bastante firme, até inflexível, e, depois de alguns estudos e novas observações, chegarmos à conclusão de que não concordamos mais com o que defendíamos anteriormente.

Chega um momento que não dá mais para continuarmos mentindo a nós mesmos.

Por mais que o nosso desejo fosse estar com razão perante nossa convicção, a própria natureza humana nos direciona a abandonar tal crença e modificar nossos sentimentos, pensamentos e atitudes. Como versou o compositor e cantor Raul Seixas:

**PREFIRO SER ESSA
METAMORFOSE AMBULANTE
[...]
EU QUERO DIZER AGORA
O OPOSTO DO QUE EU DISSE ANTES.
(METAMORFOSE AMBULANTE)**

Num relacionamento a dois, a condição fundamental para dar certo é que os dois estejam em sintonia, pretendendo se fazerem felizes e realizando planos e sonhos.

Todavia, a individualidade e o livre-arbítrio podem fazer com que um desses envolvidos no relacionamento perca o interesse em continuar ao lado do outro, o que na maioria das vezes leva à separação do casal.

Geralmente, o indivíduo que tem a iniciativa de se separar já enxerga novas possibilidades de iniciar um novo relacionamento. O grande problema é que, muitas vezes, ocorre de o parceiro "desprezado" não aceitar com facilidade a separação e começar uma luta incessante para reconquistar o amor perdido.

Sem sombra de dúvida, além da mudança de comportamento, a mudança no visual, entre outros atributos, possibilita buscar o aconselhamento em instituições religiosas.

Dentro das igrejas existem pessoas que há anos imploram a Deus pelo retorno do parceiro ou parceira que já refez sua vida ao lado de outro alguém. Essas pessoas colocam toda sua energia naquilo que já ficou para trás e não conseguem se dar conta de que o tempo é curto demais para ser desperdiçado.

Às vezes, fico imaginando a dificuldade que os padres, pastores e demais líderes espirituais devem ter para dizer a um devoto: "Chegou a hora de refazer a sua vida também. É hora de virar a página."

É isso mesmo. Chegou a hora de desistir para recomeçar. Não se pode impor ao outro a nossa vontade e os nossos anseios. Entretanto, você pode me acusar de ir de encontro ao ensinamento de Jesus, quando diz: "Não separe o homem aquilo que Deus uniu." (Mateus 19:16)

E eu lhe responderei:

Que poder tem o homem de separar o que foi unido por Deus? O que Deus assina, ninguém apaga; o que Deus determina ninguém desfaz. O problema é que nem toda união é de fato alicerçada na rocha que é o nosso Senhor Jesus Cristo e, como ele próprio diz:

> *Portanto, quem ouve estas minhas palavras e as pratica é como um homem prudente que construiu a sua casa sobre a rocha. Caiu a chuva, transbordaram os rios, sopraram os ventos e deram contra aquela casa, e ela não caiu, porque tinha seus alicerces na rocha. Mas quem ouve estas minhas palavras e não as pratica é como um insensato que construiu a sua casa sobre a areia. Caiu a chuva, transbordaram os rios, sopraram os ventos e deram contra aquela casa, e ela caiu. E foi grande a sua queda.*
> (Mateus 7:24-27)

Muitas uniões não são estabelecidas pelo amor, mas pelas circunstâncias, pela conveniência, status, gravidez não programada, melhoria da situação socioeconômica etc. Tais circunstâncias, por sua vez, não se sustentam por uma vida inteira, e chega uma hora em que uma das partes abrirá mão de continuar vivendo sem emoção. É exatamente nesse nível que se abre espaço para a traição.

Em certa ocasião, conheci uma jovem senhora que se casou duas vezes. O primeiro relacionamento terminou após cinco anos da cerimônia conjugal, quando ela foi aprovada num concurso público para trabalhar em uma grande empresa.

Ao iniciar o seu novo trabalho, apaixonou-se pelo chefe da sua seção. A paixão foi tão avassaladora, que ela não conseguia mais se aproximar do esposo. Ir para casa passou a ser um martírio. Segundo seus próprios relatos, ela resolveu abandonar o esposo com um casal de filhos. Alugou um apartamento e foi morar sozinha. Acontece que o chefe, que ela tanto admirava, estava de casamento marcado com uma mocinha bem simpática e, mesmo sabendo de sua separação, preferiu prosseguir seu relacionamento com a noiva.

O tempo passou, ela conheceu um novo amor e casou-se mais uma vez, tendo mais um casal de filhos. Após alguns anos, o novo esposo confessou que estava apaixonado por outra pessoa e resolveu sair de casa.

Pois bem, aquela mulher tão independente, que teve coragem de deixar seus dois filhos pequenos com o primeiro marido, visando conquistar o seu chefe, até hoje não consegue se relacionar com a esposa atual do seu segundo marido, haja visto que, para ela essa pessoa "tomou" o seu marido, pai de seus dois filhos mais novos. Um dia, eu perguntei a ela qual o motivo que a levara ao primeiro casamento, e ela me respondeu que não se dava bem com a mãe e não via a hora de sair de casa, ou seja, o primeiro casamento significou a liberdade.

Há nessa história dois fatores a serem observados:

- O primeiro tem a ver com o livre-arbítrio, pois ela decidiu o que seria melhor para ela tanto na hora de sair da casa de sua mãe, em busca de liberdade, quanto pra tentar conquistar o chefe.
- O segundo fator também tem a ver com o livre-arbítrio, mas dessa vez se tratava do direito alheio, já que ela pôde e fez o que quis com o primeiro marido, mas não admite que o segundo marido possa ter feito o mesmo com ela.

Nesse aspecto vem o subterfúgio e a necessidade de fazer da esposa de seu segundo marido um "bode expiatório". Isso mesmo: a esposa foi escolhida arbitrariamente para levar sozinha a culpa do problema.

Nessa hora, ninguém lembra que teve um casamento construído sobre a areia, e quando lembra não quer admitir seus erros, sendo mais fácil e conveniente dizer que a amante, ou o amante, foi o causador da destruição conjugal.

Vimos que o homem não tem o poder de separar aquilo que foi unido por Deus. Nesse sentido, constatamos que as dissoluções conjugais ocorrem quando os casamentos não são alicerçados no sentimento mais puro e verdadeiro que é o amor. Deus é amor!

Acredito que, no caso narrado, a protagonista deveria se convencer de que o fato ocorrido com o segundo marido também ocorrera com ela no primeiro casamento. Deveria, mas não é assim que ela enxerga essa situação.

Entretanto, após conhecer essa situação, você poderá questionar que não houve nenhum fator que não fosse o sentimento de amor e admiração e, mais uma vez, eu lembraria que somos seres individuais. Dessa forma, não sabemos o que se passa na cabeça do outro.

Levando tudo isso em consideração, acredito que valeria a pena aconselhar essas pessoas a virarem a página, sim! Desistirem de reconquistar quem já refez sua vida, e dar início ao novo. O significado disso é de desistir para recomeçar. Desistir é antes de tudo decidir, tomar uma posição para mudar o que não vem dando resultados positivos.

É necessário, sem sombra de dúvida, uma análise criteriosa dos acontecimentos, das ações e, principalmente, dos resultados obtidos.

Outro fator importante se refere aos crimes praticados através da violência contra a mulher. Dados da Rede de Observatório da Segurança mostram que pelo menos 5 mulheres foram assassinadas ou vítimas de violência, e que 5 estados brasileiros registraram, juntos, 449 casos de feminicídio em 2020, isto é, vítimas que foram mortas por serem mulheres.

A violência contra a mulher em 2020, e isso inclui o feminicídio, está na terceira posição do ranking de eventos monitorados pela Rede. Entre os mais de 18 mil eventos relacionados à segurança pública e à violência, 1.823 se referem aos crimes de gênero contra a mulher, o que dá a média de 5 casos ao dia.

Muitos desses casos são motivados pela insistência numa relação que não tem mais razão de ser. Muitas vezes as mulheres buscam o apoio da família, dos pais e dos amigos para se separarem do companheiro agressor, mas por questões de cunho religioso ou social, esses membros da família preferem aconselhar a essas mulheres que persistam na relação matrimonial.

As mídias sociais deveriam elaborar mais mensagens, mais campanhas e mais exemplos que viabilizassem a reflexão sobre a possibilidade da desistência ao casamento.

Um dia desses, recebi através do WhatsApp uma mensagem de uma pessoa bem-sucedida na mídia. A ideia era: "Nunca desista." Curiosamente, fiz uma pequena pesquisa sobre essa celebridade e descobri que, antes de chegar ao atual posto de destaque, ela havia desistido de um dos seus maiores sonhos para chegar onde se encontra hoje. O melhor é que fico feliz por ela ter desistido um dia, mudando em todos os aspectos. Casou-se novamente, trocou de profissão e, sobretudo, prosperou. Sua vida hoje, graças à sua desistência e recomeço, é um verdadeiro sucesso.

Reafirmo que uma das decisões mais dolorosas e difíceis de serem tomadas é a desistência.

Tem que ser, como se diz no meu Nordeste, "cabra da peste". Se não houver coragem, nós não desistimos. Espera descer até se enterrar na lama, para não dizer que você desistiu.

Muitos indivíduos desenvolvem há décadas tarefas que não lhes dão nem um pouco de prazer, muitas vezes vivendo em ambientes desfavoráveis, sem amor, sem respeito e sem emoção. Considerando a falta dos sentimentos supracitados, certamente a desistência, objetivando buscar novos rumos, seria a melhor opção.

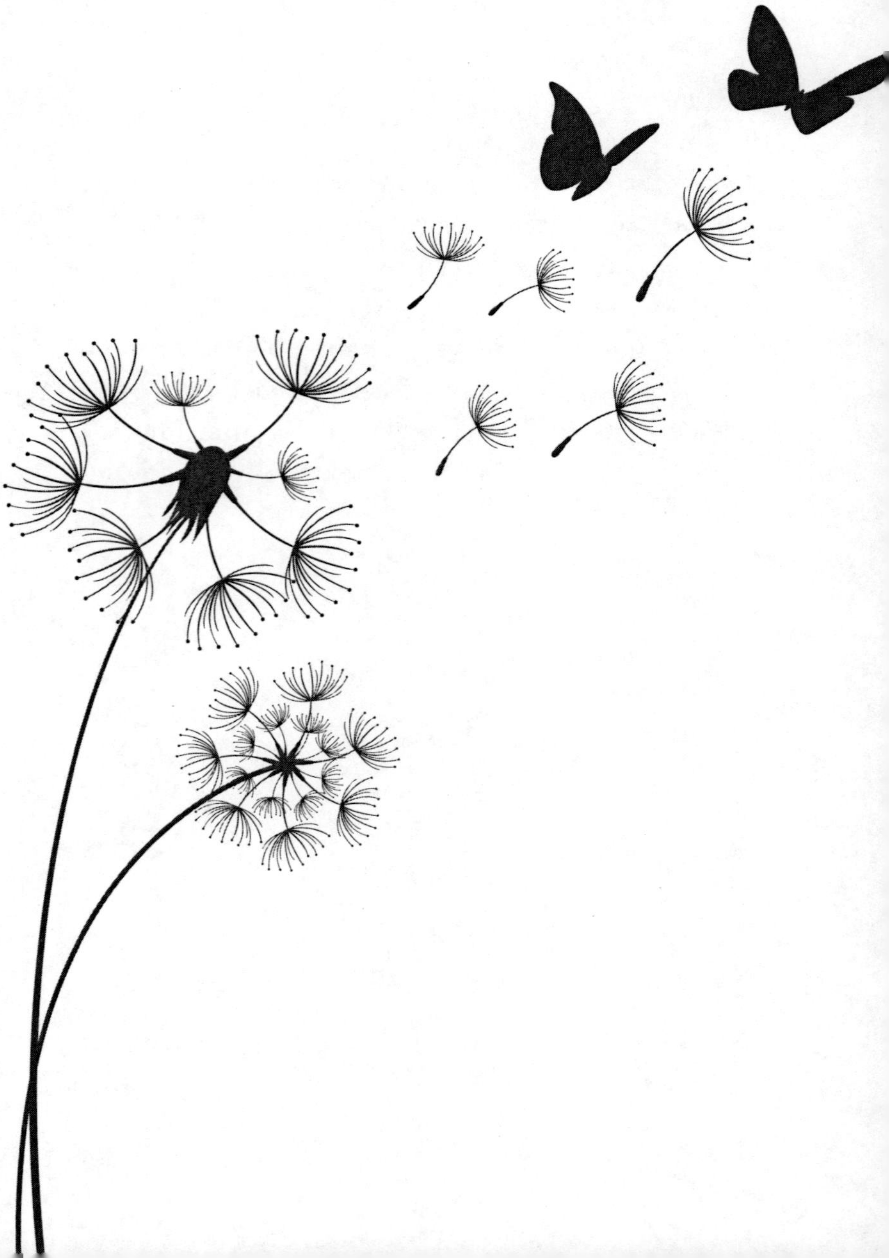

ELAS DEIXARAM PARA TRÁS UMA VIDA DE SOFRIMENTO, A FIM DE CONSTRUIR UMA NOVA HISTÓRIA E, O QUE É MELHOR, REPLETA DE ÊXITO. PARA NOEMI, RECOMEÇAR DO ZERO NO MESMO LUGAR DE ONDE SAIU ERA UMA QUESTÃO DE HONRA.

(Cláudia Lago)

CAPÍTULO IV
RECONSTRUINDO A VIDA SENTIMENTAL

O **LIVRO DE RUTE, ENCONTRADO NO VELHO TESTAMENTO,** embora escrito há mais de 3 mil anos, serve de amostra para os dias atuais. Nele nós encontramos um grande exemplo de mudança de vida a partir da coragem de desistir de tudo. Rute deixou para trás seu povo, sua cidade, seus costumes e até suas crenças religiosas. Abriu mão de tudo por admiração, gratidão, respeito, amor e compaixão por sua sogra Noemi.

Vale muito a pena aprendermos um pouco da lição de Rute e Noemi, duas mulheres corajosas que resolveram mudar de vida, alicerçadas na fé.

Partes do livro de Rute

Rute 1:1-22
E sucedeu que, nos dias em que os juízes julgavam, houve uma fome na terra; por isso um homem de Belém de Judá

saiu a peregrinar nos campos de Moabe, ele e sua mulher, e seus dois filhos;

E era o nome deste homem Elimeleque, e o de sua mulher Noemi, e os de seus dois filhos Malom e Quiliom, efrateus, de Belém de Judá; e chegaram aos campos de Moabe, e ficaram ali.

E morreu Elimeleque, marido de Noemi; e ficou ela com os seus dois filhos,

Os quais tomaram para si mulheres moabitas; e era o nome de uma Orfa, e o da outra Rute; e ficaram ali quase dez anos.

E morreram também ambos, Malom e Quiliom, ficando assim a mulher desamparada dos seus dois filhos e de seu marido.

Então se levantou ela com as suas noras, e voltou dos campos de Moabe, porquanto na terra de Moabe ouviu que o Senhor tinha visitado o seu povo, dando-lhe pão.

Por isso saiu do lugar onde estivera, e as suas noras com ela. E, indo elas caminhando, para voltarem para a terra de Judá,

Disse Noemi às suas noras: "Ide, voltai cada uma à casa de sua mãe; e o Senhor use convosco de benevolência, como vós usastes com os falecidos e comigo.

O Senhor vos dê que acheis descanso cada uma em casa de seu marido." E, beijando-as ela, levantaram a sua voz e choraram.

E disseram-lhe: "Certamente voltaremos contigo ao teu povo."

Porém Noemi disse: "Voltai, minhas filhas. Por que iríeis comigo? Tenho eu ainda no meu ventre mais filhos, para que vos sejam por maridos?

Voltai, filhas minhas, ide-vos embora, que já mui velha sou para ter marido; ainda quando eu dissesse: 'Tenho esperança, ou ainda que esta noite tivesse marido e ainda tivesse filhos,

Esperá-los-íeis até que viessem a ser grandes? Deter-vos-íeis por eles, sem tomardes marido?' Não, filhas minhas, que mais amargo me é a mim do que a vós mesmas; porquanto a mão do Senhor se descarregou contra mim."

Então levantaram a sua voz, e tornaram a chorar; e Orfa beijou a sua sogra, porém Rute se apegou a ela.

Por isso disse Noemi: "Eis que voltou tua cunhada ao seu povo e aos seus deuses; volta tu também após tua cunhada."

Disse, porém, Rute: "Não me instes para que te abandone, e deixe de seguir-te; porque aonde quer que tu fores irei eu, e onde quer que pousares, ali pousarei eu; o teu povo é o meu povo, o teu Deus é o meu Deus, Onde quer que morreres morrerei eu, e ali serei sepultada. Faça-me assim o Senhor, e outro tanto, se outra coisa que não seja a morte me separar de ti."

Vendo Noemi, que de todo estava resolvida a ir com ela, deixou de lhe falar.

Assim, pois, foram-se ambas, até que chegaram a Belém; e sucedeu que, entrando elas em Belém, toda a cidade se comoveu por causa delas, e diziam: "Não é esta Noemi?".

Porém ela lhes dizia: "Não me chameis Noemi; chamai-me Mara; porque grande amargura me tem dado o Todo-Poderoso.

Cheia parti, porém vazia o Senhor me fez tornar; por que, pois, me chamareis Noemi? O Senhor testifica contra mim, e o Todo-Poderoso me tem feito mal."

Assim Noemi voltou, e com ela Rute, a moabita, sua nora, que veio dos campos de Moabe; e chegaram a Belém no princípio da colheita das cevadas.

Rute 2:1-23

E tinha Noemi um parente de seu marido, homem valente e poderoso, da família de Elimeleque; e era o seu nome Boaz.

E Rute, a moabita, disse a Noemi: "Deixa-me ir ao campo, e apanharei espigas atrás daquele em cujos olhos eu achar graça." E ela disse: "Vai, minha filha." Foi, pois, e chegou, e apanhava espigas no campo após os segadores; e caiu-lhe em sorte uma parte do campo de Boaz, que era da família de Elimeleque. E eis que Boaz veio de Belém, e disse aos segadores: "O Senhor seja convosco." E disseram-lhe eles: "O Senhor te abençoe."

Depois disse Boaz a seu moço, que estava posto sobre os segadores: "De quem é esta moça?".

E respondeu o moço, que estava posto sobre os segadores: "Esta é a moça moabita que voltou com Noemi dos campos de Moabe. Disse-me ela: 'Deixa-me colher espigas, e ajuntá-las entre as gavelas após os segadores.' Assim ela veio, e desde pela manhã está aqui até agora, a não ser um pouco que esteve sentada em casa."

Então disse Boaz a Rute: "Ouve, filha minha; não vás colher em outro campo, nem tampouco passes daqui; porém aqui ficarás com as minhas moças. Os teus olhos estarão atentos no campo que segarem, e irás após elas; não dei ordem aos moços, que não te molestem? Tendo tu sede, vai aos vasos, e bebe do que os moços tirarem."

Então ela caiu sobre o seu rosto, e se inclinou à terra; e disse-lhe: "Por que achei graça em teus olhos, para que faças caso de mim, sendo eu uma estrangeira?". E respondeu Boaz: "Bem se me contou quanto fizeste à tua sogra, depois da morte de teu marido; e deixaste a teu pai e a tua mãe, e a terra onde nasceste, e vieste para um povo que antes não conheceste. O Senhor retribua o teu feito; e te seja concedido pleno galardão da parte do Senhor Deus de Israel, sob cujas asas te vieste abrigar."

E disse ela: "Ache eu graça em teus olhos, senhor meu, pois me consolaste, e falaste ao coração da tua serva, não sendo eu ainda como uma das tuas criadas." E, sendo já hora de comer, disse-lhe Boaz: "Achega-te aqui, e come do pão, e molha o teu bocado no vinagre." E ela se assentou ao lado dos segadores, e ele lhe deu do trigo tostado, e comeu, e se fartou, e ainda lhe sobejou.

E, levantando-se ela a colher, Boaz deu ordem aos seus moços, dizendo: "Até entre as gavelas deixai-a colher, e não a censureis.

E deixai cair alguns punhados, e deixai-os ficar, para que os colha, e não a repreendais." E esteve ela apanhando naquele campo até a tarde; e debulhou o que apanhou, e foi quase um efa de cevada. E tomou-o, e veio à cidade; e viu sua sogra o que tinha apanhado; também tirou, e deu-lhe o que sobejara depois de fartar-se.

Então disse-lhe sua sogra: "Onde colheste hoje, e onde trabalhaste? Bendito seja aquele que te reconheceu." E relatou à sua sogra com quem tinha trabalhado, e disse: "O nome do homem com quem hoje trabalhei é Boaz."

Então Noemi disse à sua nora: "Bendito seja ele do Senhor, que ainda não tem deixado a sua beneficência nem para com os vivos nem para com os mortos." Disse-lhe mais Noemi: "Este homem é nosso parente chegado, e um dentre os nossos remidores." E disse Rute, a moabita: "Também ainda me disse: 'Com os moços que tenho te ajuntarás, até que acabem toda a sega que tenho.'"

E disse Noemi a sua nora: "Melhor é, filha minha, que saias com as suas moças, para que noutro campo não te encontrem."

Rute 3:1-18

E disse-lhe Noemi, sua sogra: "Minha filha, não hei de buscar descanso, para que fiques bem? Ora, pois, não é Boaz, com cujas moças estiveste, de nossa parentela? Eis que esta noite padejará a cevada na eira.

Lava-te, pois, e unge-te, e veste os teus vestidos, e desce à eira; porém não te dês a conhecer ao homem, até que tenha acabado de comer e beber. E há de ser que, quando ele se deitar, notarás o lugar em que se deitar; então entrarás, e descobrir-lhe-ás os pés, e te deitarás, e ele te fará saber o que deves fazer."

E ela lhe disse: "Tudo quanto me disseres, farei." Então foi para a eira, e fez conforme a tudo quanto sua sogra lhe tinha ordenado.

Havendo, pois, Boaz comido e bebido, e estando já o seu coração alegre, veio deitar-se ao pé de um monte de grãos; então veio ela de mansinho, e lhe descobriu os pés, e se deitou.

E sucedeu que, pela meia-noite, o homem estremeceu, e se voltou; e eis que uma mulher jazia a seus pés.

E disse ele: "Quem és tu?". E ela disse: "Sou Rute, tua serva; estende, pois, tua capa sobre a tua serva, porque tu és o remidor."

E disse ele: "Bendita sejas tu do Senhor, minha filha; melhor fizeste esta tua última benevolência do que a primeira, pois após nenhum dos jovens foste, quer pobre quer rico.

Agora, pois, minha filha, não temas; tudo quanto disseste te farei, pois toda a cidade do meu povo sabe que és mulher virtuosa.

Porém agora é verdade que eu sou remidor, mas ainda outro remidor há mais chegado do que eu. Fica-te aqui esta noite, e será que, pela manhã, se ele te redimir, bem está, que te redima; porém, se não quiser te redimir, vive o Senhor, que eu te redimirei. Deita-te aqui até amanhã."

Ficou-se, pois, deitada a seus pés até pela manhã, e levantou-se antes que pudesse um conhecer o outro, porquanto ele disse: "Não se saiba que alguma mulher veio à eira."

Disse mais: "Dá-me a capa que tens sobre ti, e segura-a." E ela a segurou; e ele mediu seis medidas de cevada, e lhas pôs em cima; então foi para a cidade.

E foi à sua sogra, que lhe disse: "Como foi, minha filha?". E ela lhe contou tudo quanto aquele homem lhe fizera.

Disse mais: "Estas seis medidas de cevada me deu, porque me disse: 'Não vás vazia à tua sogra.'" Então disse ela: "Espera, minha filha, até que saibas como irá o caso, porque aquele homem não descansará até que conclua hoje este negócio."

E Boaz subiu à porta, e assentou-se ali; e eis que o remidor de que Boaz tinha falado ia passando, e disse-lhe: "Ó fulano, vem cá, assenta-te aqui." E desviou-se para ali, e assentou-se.

Então tomou dez homens dos anciãos da cidade, e disse: "Assentai-vos aqui." E assentaram-se. Então disse ao remidor: "Aquela parte da terra que foi de Elimeleque, nosso irmão, Noemi, que tornou da terra dos moabitas, está vendendo. E eu resolvi informar-te disso e dizer-te: 'Compra-a diante dos habitantes, e diante dos anciãos do meu povo; se a hás de redimir, redime-a, e se não a houveres de redimir, declara-mo, para que o saiba, pois outro não há senão tu que a redima, e eu depois de ti.'" Então disse ele: "Eu a redimirei."

Disse, porém, Boaz: "No dia em que comprares a terra da mão de Noemi, também a comprarás da mão de Rute, a moabita, mulher do falecido, para suscitar o nome do falecido sobre a sua herança." Então disse o remidor: "Para mim não a poderei redimir, para que não prejudique a minha herança; toma para ti o meu direito de remissão, porque eu não a poderei redimir."

Havia, pois, já de muito tempo este costume em Israel, quanto a remissão e permuta, para confirmar todo o negócio; o homem descalçava o sapato e o dava ao seu próximo; e isto era por testemunho em Israel. Disse, pois, o remidor a Boaz: "Toma-a para ti. E descalçou o sapato."

Então Boaz disse aos anciãos e a todo o povo: "Sois hoje testemunhas de que tomei tudo quanto foi de Elimeleque, e de Quiliom, e de Malom, da mão de Noemi, E de que também tomo por mulher a Rute, a moabita, que foi mulher de Malom, para suscitar o nome do falecido sobre a sua herança, para que o nome do falecido não seja desarraigado dentre seus irmãos e da porta do seu lugar; disto sois hoje testemunhas." E todo o povo que estava na porta, e os anciãos, disseram: "Somos testemunhas; o Senhor faça a esta mulher, que entra na tua casa, como a Raquel e como a Lia, que ambas edificaram a casa de Israel; e porta-te valorosamente em Efrata, e faze-te nome afamado em Belém.

E seja a tua casa como a casa de Perez (que Tamar deu à luz a Judá), pela descendência que o Senhor te der desta moça."

Assim tomou Boaz a Rute, e ela lhe foi por mulher; e ele a possuiu, e o Senhor lhe fez conceber, e deu à luz um filho.

Então as mulheres disseram a Noemi: "Bendito seja o Senhor, que não deixou hoje de te dar remidor, e seja o seu nome afamado em Israel.

Ele te será por restaurador da alma, e nutrirá a tua velhice, pois tua nora, que te ama, o deu à luz, e ela te é melhor do que sete filhos."

> E Noemi tomou o filho, e o pôs no seu colo, e foi sua ama.
>
> E as vizinhas lhe deram um nome, dizendo: "A Noemi nasceu um filho." E deram-lhe o nome de Obede. Este é o pai de Jessé, pai de Davi.

Como vimos, a desistência de Noemi com relação a deixar a cidade que morava e retornar para suas origens mudou sua vida e, consequentemente, a desistência de Rute, no que se refere a seus parentes, sua cidade, seus deuses, proporcionou uma nova história na vida de ambas.

Elas deixaram para trás uma vida de sofrimento, a fim de construir uma nova história e, o que é melhor, repleta de êxito. Para Noemi, recomeçar do zero no mesmo lugar de onde saiu era uma questão de honra.

Esse retorno de Noemi, junto com a satisfação de prosperar, me faz lembrar uma história belíssima contada no livro o "O Alquimista", do renomado escritor, letrista e jornalista brasileiro Paulo Coelho.

Às vezes, é necessário sairmos de alguns lugares, de algumas cidades, e quando o tempo passa e vemos a necessidade de retornar, passamos a achar que fracassamos. É preciso lembrar, no entanto, que o fato de termos vivido fora daquele lugar nos trouxe novas experiências, maturidade e uma nova visão. Essas novas vivências nos transformam de tal forma, que voltamos para o lugar de onde saímos mais enriquecidos espiritual, emocional e financeiramente.

Voltar atrás e recomeçar pode significar sensatez, maturidade e perspicácia.

VALE A PENA SEGUIR O CONSELHO DE ALGUÉM QUE, MUNIDO DE BOM-SENSO E MUITA CORAGEM, PERCEBE QUE HÁ SITUAÇÕES EM QUE A DESISTÊNCIA PROPORCIONA A POSSIBILIDADE DE RECOMEÇAR UMA NOVA HISTÓRIA.

(Cláudia Lago)

CAPÍTULO V
FIM PARA UNS, INÍCIO PARA OUTROS

Entre as histórias contadas na Bíblia Sagrada, em que podemos perceber claramente a desistência de uma pessoa bem-sucedida, temos o livro de Ester. Essa história fascinante, no entanto, só é possível por ter ocorrido uma separação conjugal. A separação do rei Assuero e da rainha Vasti ocasionou a salvação de um povo temente a Deus.

A desobediência da rainha em atender ao chamado do rei para comparecer à festa, que já durava mais de 150 dias, ocasionou a grande guinada na vida de uma mulher judia. Embora ela não cumprisse todos os preceitos do reinado, soube usar a sabedoria divina para tomar decisões que alcançaram a proteção e a misericórdia celestial, a ponto do rei mais temido em toda Pérsia atender aos anseios do seu povo.

Ao conhecermos e observarmos com atenção os detalhes da narrativa, perceberemos que mais uma vez a figura masculina é conduzida a se sensibilizar com sábios conselhos.

Todavia, antes de narrar a história da rainha Ester, vale ressaltar que em nenhuma pregação que ouvi sobre esse livro famoso do Velho Testamento foi enfatizada a questão relativa à separação do rei Assuero.

Eu creio que falar sobre a decisão do rei em se separar da sua esposa seja uma forma de divulgar e fazer com que muitos casais, que não vivem bem, saibam que o fim de uma relação sem cumplicidade, sem respeito e sobretudo sem amor pode proporcionar um recomeço na vida sentimental de ambos os cônjuges.

Falo isso não com o objetivo primordial de desfazer ou destruir famílias, mas de preservar a vida de milhares de mulheres que acabam sendo assassinadas por seus companheiros que, por sua vez, veem suas companheiras como propriedade.

A atitude que o rei Assuero teve, ouvindo e aceitando os direcionamentos dos seus conselheiros e amigos, fez toda diferença. Embora ele tivesse sido desobedecido por sua esposa diante de todos, ele não usou de violência e não foi possessivo. Ele simplesmente desistiu de um casamento em que não havia mais respeito, permitindo-se a uma vida nova.

O rei Assuero, também conhecido como Xerxes, literalmente desistiu para recomeçar. Nesse sentido, quero reforçar que muitos pregadores e muitos palestrantes ajudariam a humanidade focando nessa questão.

Insisto nessa fala pelo fato de que muitos feminicídios ocorridos no Brasil e no mundo têm por motivo, dentre outros, a não aceitação, por parte do homem, do término da relação afetiva. Isso se dá pelo sentimento de posse.

Assim como Davi usou do bom-senso ao ser questionado de maneira sábia por Abigail, Assuero se deixou guiar pelo Espírito Divino ao aceitar e colocar em prática as orientações recebidas por seus conselheiros.

Embora esta história tenha sido contada há muito mais de mil anos a.C., ela ainda pode servir de exemplo e reflexão, principalmente nos casos de possessividade por parte do parceiro ou parceira conjugal.

Teremos a oportunidade de ver um rei bastante forte e temido submeter-se a ouvir não apenas os conselhos dos sábios, como também de uma rainha abençoada por Deus Pai.

O casamento de Ester com o rei Assuero foi a maneira pela qual os judeus conseguiram a autorização para lutar e se defender das atrocidades e da perseguição planejada por seus inimigos.

Partes do livro de Ester

Ester 1:1-19

Nos dias de Assuero, isto é, o Assuero que reinava sobre 127 províncias desde a Índia até a Etiópia, nos dias em que o rei Assuero ocupava o trono real na fortaleza de Susã. No terceiro ano do seu reinado, ele deu um banquete a todos os seus príncipes e servos. Estavam presentes perante ele os comandantes militares da Pérsia e da Média, os nobres e os príncipes das províncias. E durante muitos dias, 180 dias, ele lhes mostrou as riquezas do seu glorioso reino, e a grandeza e o esplendor da sua majestade. Terminados esses dias, o rei deu um banquete no pátio do jardim do seu palácio durante sete dias a todos os que estavam na fortaleza de Susã, do maior até o menor. Havia cortinas de linho, de algodão fino e de tecido azul presas com cordões de tecido fino. Havia também cordões de lã roxa presas a argolas de prata, bem como colunas de mármore. E, sobre um piso de pórfiro, mármore branco, madrepérola e mármore negro, havia divãs de ouro e prata. O vinho era servido em cálices de ouro; cada cálice era diferente do outro. O vinho do rei foi servido em grande quantidade, como só o rei tinha condições de fazer. Ninguém era obrigado a beber; essa foi a regra seguida na ocasião, pois o rei havia decidido com os oficiais do seu palácio que cada um faria conforme lhe agradasse. A rainha Vasti também deu um banquete às mulheres na casa real do rei Assuero. No sétimo dia, quando o coração do rei estava alegre por causa do vinho, ele ordenou a Meumã, Bizta, Harbona, Bigtá, Abagta, Zetar e Carcas, os sete oficiais da corte que eram assistentes pessoais do rei Assuero, que trouxessem à presença do rei a rainha Vasti usando o turbante real, para mostrar aos povos e aos príncipes a sua beleza, pois ela era muito bela. Mas a rainha Vasti se recusava a obedecer à ordem do rei transmitida pelos oficiais da corte. Em vista disso, o rei ficou muito irado e se acendeu o seu furor. Então o rei consultou os sábios que conheciam bem os precedentes legais, pois os assuntos do rei eram levados a todos os peritos em leis e causas jurídicas. Seus conselheiros mais próximos eram Carsena, Setar, Admata, Társis, Meres, Marsena e Memucã. Esses sete príncipes da Pérsia e da Média tinham acesso ao rei e ocupavam as posições mais elevadas no reino. O rei perguntou: "Segundo a lei, o que se deve fazer com a rainha Vasti por ela não ter obedecido à ordem do rei Assuero transmitida pelos oficiais da corte?". Então Memucá respondeu perante o rei e os príncipes: "Não foi apenas contra o rei que a rainha Vasti cometeu uma ofensa, mas também contra todos os príncipes e todos os povos das províncias do rei Assuero, pois todas as esposas ouvirão falar do que a rainha fez e desprezarão seus maridos, dizendo: 'O rei Assuero mandou trazer a rainha Vasti à presença dele, mas ela se recusou a ir.' Nesse dia, todas as princesas da Pérsia e da Média que ficarem sabendo do que a rainha fez falarão do mesmo modo com seus maridos, os príncipes do rei, e isso resultará em muito desprezo e indignação. Se for do agrado do rei, que se emita um decreto real em seu nome, e que seja registrado o seguinte nas leis da Pérsia e da Média, que não podem ser anuladas: Vasti nunca mais poderá comparecer perante o rei Assuero. Que o rei dê a posição dela de rainha a uma mulher melhor do que ela."

Uma observação que eu considero importante é a ênfase na narração pormenorizada em relação à arquitetura e à decoração do reino. Certamente, havia a intenção do historiador em demonstrar tamanho esplendor, mas que se mistura com a singeleza no que se refere ao trato com os convidados. Isso fica claro quando o rei deixa o convidado escolher entre beber vinho ou não. Essa atitude denota que uma das características do rei era a satisfação das pessoas. Tanto que, diante da recusa de sua esposa em comparecer ao salão para mostrar a sua beleza, em momento algum a história relata que ela tenha sido obrigada a realizar a vontade do rei.

Ester 2:1-15
Depois desses acontecimentos, quando o rei Assuero já havia se acalmado do seu furor, ele se lembrou do que Vasti havia feito e do que ele havia decidido contra ela. Então os assistentes pessoais do rei disseram: "Sejam procuradas para o rei moças virgens e belas. Que o rei designe representantes em todas as províncias do seu reino, para que tragam todas as moças virgens e belas à fortaleza de Susã, à casa das mulheres. Elas ficarão aos cuidados de Hegai, eunuco do rei e responsável pelas mulheres, e receberão tratamentos de beleza. Então a moça que mais agradar ao rei será rainha no lugar de Vasti." A sugestão agradou ao rei, e foi isso o que ele fez.

Havia então um homem judeu na fortaleza de Susã, cujo nome era Mardoqueu, filho de Jair, filho de Simei, filho de Quis, homem benjamita, que fora transportado de Jerusalém com os cativos que foram levados com Jeconias, rei de Judá, o qual transportara Nabucodonosor, rei de Babilônia. Este criara a Hadassa (que é Ester, filha de seu tio), porque não tinha pai nem mãe; e era jovem bela de presença e formosa; e, morrendo seu pai e sua mãe, Mardoqueu a tomara por sua filha. Sucedeu que, divulgando-se o mandado do rei e a sua lei, e ajuntando-se muitas moças na fortaleza de Susã, aos cuidados de Hegai, também levaram Ester à casa do rei, sob a custódia de Hegai, guarda das mulheres. E a moça pareceu formosa aos seus olhos, e alcançou graça perante ele; por isso se apressou a dar-lhe os seus enfeites, e os seus quinhões, como também em lhe dar sete moças de respeito da casa do rei; e a fez passar com as suas moças ao melhor lugar da casa das mulheres. Ester, porém, não declarou o seu povo e a sua parentela, porque Mardoqueu lhe tinha ordenado que o não declarasse. E passeava Mardoqueu cada dia diante do pátio da casa das mulheres, para se informar de como Ester passava, e do que lhe sucederia. E, chegando a vez de cada moça, para vir ao rei Assuero, depois que fora feito a ela segundo a lei das mulheres, por doze meses (porque assim se cumpriam os dias das suas purificações, seis meses com óleo de mirra, e seis meses com especiarias, e com as coisas para a purificação das mulheres), desta maneira, pois, vinha a moça ao rei; dava-se-lhe tudo quanto ela desejava para levar consigo da casa das mulheres à casa do rei; à tarde entrava, e pela manhã tornava à segunda casa das mulheres, sob os cuidados de Saasgaz, camareiro do rei, guarda das concubinas; não tornava mais ao rei, salvo se o rei a desejasse, e fosse chamada pelo nome. Chegando, pois, a vez de Ester, filha de Abiail, tio de Mardoqueu (que a tomara por sua filha), para ir ao rei, coisa nenhuma pediu, senão o que disse Hegai, camareiro do rei, guarda das mulheres; e alcançava Ester graça aos olhos de todos quantos a viam.

O rei se submetia aos conselhos de seus assistentes e ao mesmo tempo não ficava preso ao passado.

Embora a atitude da rainha – ou a falta de atitude em satisfazer aos caprichos do rei – tivesse deixado Assuero arrasado, muito triste, ele não desanimou e se oportunizou a viver uma nova história de amor.

Ester 2:16-18
Ester foi levada ao rei Assuero na sua casa real no décimo mês, isto é, no mês de tebete, no sétimo ano do seu reinado. E o rei amou Ester mais do que a todas as outras mulheres, e ela ganhou seu favor e sua aprovação mais do que qualquer outra das virgens. Então ele colocou o turbante real na cabeça dela e a fez rainha no lugar de Vasti. O rei deu então um grande banquete — o banquete de Ester — a todos os seus príncipes e servos. Ele também concedeu anistia às províncias e distribuiu presentes conforme só o rei tinha condições de fazer.

Essa história nos faz ver que mesmo um rei forte e valente como Assuero pôde se render aos conselhos e orientações de pessoas que conviviam com ele. Primeiro foi aconselhado por Memucá, mais tarde por sua mulher Ester.

A pedido da rainha, o rei deu ao povo judeu o direito de lutar para se defender.

Certamente, a atitude desse rei tão poderoso, tão forte e destemido, capaz de desistir de Vasti, sua primeira esposa lindíssima, e também desistir de matar e dizimar o povo judeu, caracteriza a possibilidade plena de repensar novas atitudes, não se deixando parecer um fracassado, afinal, conquistar 127 províncias e governar um espaço territorial que compreendia desde a Índia até a Etiópia não são atributos para os fracos.

Esse episódio nos faz refletir acerca da desistência, envolvendo aspectos da vida afetiva e decisões que envolvem a vida profissional.

Tanto no início como no final deste livro, tivemos a oportunidade de aprender com homens que se destacaram na história da humanidade como grandes guerreiros, conquistadores e possuidores de muito poder. Vale a pena seguir o conselho de alguém que, munido de bom-senso e muita coragem, percebe que há situações em que a desistência proporciona a possibilidade de recomeçar uma nova história.

Essa capacidade de arrependimento e de voltar atrás deve ser divulgada para que homens comuns possam se espelhar e reproduzir essas atitudes quando o assunto é finalizar um relacionamento afetivo.

Muitas mulheres são mortas por seus companheiros por não serem aconselhadas a desistirem de relações agressivas e doentias.

É preciso ensinar nas escolas que as pessoas são livres. Quando usamos a expressão: "Ninguém é de ninguém", não a citamos de maneira pejorativa nem com intenção de desfazer do parceiro ou parceira.

Estamos apenas deixando claro que a vida das pessoas pertence exclusivamente a elas mesmas, existindo a possibilidade plena do rompimento ou finalização de uma história para início de outra.

Nos exemplos usados nesta obra, iniciamos com personagens que, após a morte de seus companheiros, tiveram a oportunidade de iniciar uma vida conjugal com homens responsáveis e empenhados em assumir um compromisso afetivo e conjugal com mulheres que tiveram outros companheiros, valorizando-as e assumindo-as como companheiras.

Utilizamos o contexto bíblico no afã de chamar a atenção dos pregadores da palavra de Deus para que abordem assuntos ligados à vida sentimental, valorizando a ênfase no livre-arbítrio, destacando especialmente a possibilidade do fim de um relacionamento doentio e agressivo que hostiliza e provoca depressão, deixando marcas indeléveis, levando às vezes a parte mais frágil, nesse caso, a mulher, à morte.

"Desistir para Recomeçar" é uma frase que deve ser escrita e divulgada com o objetivo de salvar vidas.

Diante dos avanços sociais, em que a mulher conquistou um espaço bastante considerável na sociedade, destacando-se cada vez mais no mercado de trabalho, muitas famílias têm a mulher como principal mantenedora do lar.

Essa realidade deveria fazer, ou pelo menos ajudar a fazer, com que os homens entendessem e aceitassem a valorização e a capacidade do gênero feminino na tomada de decisões.

As diferenças entre homens e mulheres existem e sempre existirão, sejam no aspecto físico, na maneira de pensar, no comportamento social etc.

Mesmo com todo empoderamento, a mulher deve usar um dos atributos que lhe foi dado, talvez o de maior valor, o de dialogar. A mulher consegue perceber com rapidez a mudança de comportamento do outro, certamente pelo fato de identificar com facilidade as reações da prole para resolver questões de saúde e bem-estar.

As palavras, quando ditas na hora e na medida certa, com sensatez e sabedoria, conseguem transformar o outro. Em suma, as palavras conseguem criar e transformar o mundo em um lugar melhor.

Eu sugiro que o livro de Ester, abordado neste capítulo, seja lido na íntegra por todos que estão lendo esta singela obra.

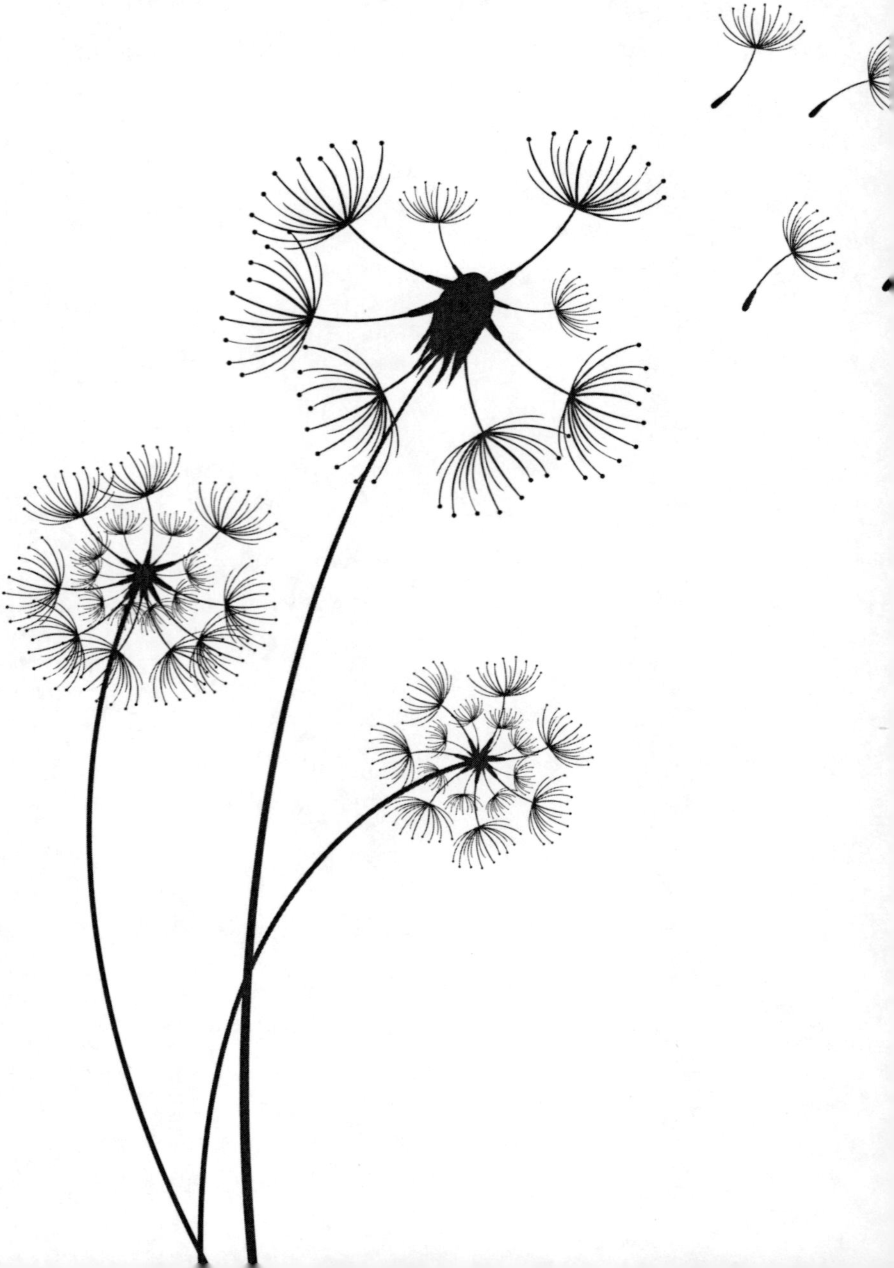

> "DESISTIR PARA RECOMEÇAR" É UMA FRASE QUE DEVE SER ESCRITA E DIVULGADA COM O OBJETIVO DE SALVAR VIDAS.
>
> (Cláudia Lago)

CAPÍTULO VI
AXIOMA FEMININO

QUANDO A SOCIEDADE DISCUTE SOBRE TEMAS RELACIOnados à valorização da mulher e, consequentemente, à conquista do mercado de trabalho e garantia dos direitos trabalhistas, entre outros temas, temos a impressão de que só agora, no mundo atual, é que as mulheres se mostram de maneira mais autêntica, competitiva e profissional.

Essas discussões nos fazem acreditar que só mesmo uma mulher moderna é capaz de tomar decisões acertadas capazes de mudar o cenário de sua própria vida e, muitas vezes, influenciar a vida de outras pessoas.

Há quem afirme que uma mulher bem-sucedida deve possuir características ou atitudes masculinas.

A grande questão é que, desde muito cedo, antes mesmo de Cristo vir ao mundo na forma humana, já existiam histórias de mulheres fortes, ousadas e corajosas.

No entanto, existe uma característica, um atributo indispensável a uma mulher bem-sucedida, íntegra, admirável.

Trata-se da discrição, do controle emocional e, sobretudo, da capacidade de analisar as pessoas que estão à sua volta, que compõem o seu ciclo de amizades, participando de sua vida cotidiana.

Parece um paradoxo falar em discrição quando lemos nas páginas anteriores as histórias de mulheres que utilizaram a capacidade de dialogar para conquistar seus objetivos.

Contudo, se observarmos atentamente, iremos perceber que todas as personagens destacadas nesta obra foram mulheres fortes, corajosas, ousadas, verdadeiras, porém discretas. Mulheres que puderam contar com o apoio de alguém, por mais humilde que lhe parecesse.

Elas sabiam que não podiam contar seus planos para qualquer pessoa. Talvez essa atitude tenha sido o motivo primordial para a conquista de seus propósitos.

Algumas vezes é preciso guardar segredo, mesmo porque há situações que o contexto vivenciado é de foro íntimo. Contar um segredo para outra pessoa pode acarretar um grande desconforto emocional. É preciso ter cuidado com a fé alheia, pois nem sempre o outro tem a mesma percepção ou a mesma crença.

Quando me refiro à fé alheia, quero dizer que você pode acreditar que possui qualidades para conquistar alguma posição importante em sua vida. Entretanto, ao comentar com outra pessoa, ela pode julgar que aquele seu desejo e aquele seu sonho mais almejado são afrontosos, isso porque os desejos dela e os sonhos que ela sonhou são bem menores que os seus.

Enquanto você confia na possibilidade da conquista, talvez por ter convicção do seu potencial, a pessoa que soube do seu desejo e do seu plano passa a criticar e até mesmo sentir inveja da sua crença, da sua força de vontade e da sua coragem, justamente por ter desejos despretensiosos.

Algumas atitudes para serem tomadas exigem silêncio, cautela e concentração. Tudo isso ocorre pelo fato de pensarmos diferente uns dos outros.

Há pessoas que possuem características marcantes, sendo capazes, inclusive, de revolucionar a vida de outras pessoas, mas preferem manter sua privacidade porque temem sofrer represálias ou o julgamento alheio.

Na história a seguir, teremos a oportunidade inédita de aprender a nos comportarmos diante de problemas que parecem impossíveis de serem resolvidos, utilizando principalmente a discrição, a coragem e a autenticidade, qualidades que não podem faltar a uma pessoa bem-sucedida.

A atitude da mulher da história que contaremos denota um empoderamento claramente evidenciado na maneira de falar, de se comportar e de agir.

Isso mesmo! A presença do empoderamento feminino antes de Cristo vir ao mundo. Notaremos que a personagem principal do ensinamento encontrado no Antigo Testamento detém características peculiares a uma verdadeira águia.

Um dos eventos mais marcantes na história a seguir é justamente o fato de não ter sido revelado o nome dessa personagem tão distinta. Eu até prefiro acreditar que a omissão de seu nome fora solicitada pela própria sunamita, com o objetivo de nos fazer refletir sobre o comedimento e a discrição.

A Sunamita

2 Reis 4:8-37
Certo dia, Eliseu foi a Suném, onde uma mulher rica insistiu que ele fosse tomar uma refeição em sua casa. Depois disso, sempre que passava por ali, ele parava para uma refeição.

De modo que ela disse ao marido: "Sei que esse homem que sempre vem aqui é um santo homem de Deus. Vamos construir lá em cima um quartinho de tijolos e colocar nele uma cama, uma mesa, uma cadeira e uma lamparina para ele. Assim, sempre que nos visitar, ele poderá ocupá-lo." Um dia, quando Eliseu chegou, subiu ao seu quarto e deitou-se. Ele mandou o seu servo Geazi chamar a sunamita. Então ele a chamou, e quando ela veio, Eliseu mandou que Geazi dissesse a ela: "Você teve todo este trabalho por nossa causa. O que podemos fazer por você? Quer que eu interceda por você junto ao rei ou ao comandante do exército?". Ela respondeu: "Estou bem entre minha própria gente." Mais tarde, Eliseu perguntou a Geazi: "O que se pode fazer por ela?". Ele respondeu: "Bem, ela não tem filhos, e seu marido é idoso." Então Eliseu mandou chamá-la de novo. Geazi a chamou, e ela veio até a porta. E ele disse: "Por volta desta época, no ano que vem, você estará com um filho nos braços." Ela contestou: "Não, meu senhor. Não iludas a tua serva, ó homem de Deus!". Mas, como Eliseu lhe dissera, a mulher engravidou e, no ano seguinte, por volta daquela mesma época, deu à luz um filho. O menino cresceu e, certo dia, foi encontrar seu pai, que estava com os ceifeiros. De repente, ele começou a chamar o pai, gritando: "Ai, minha cabeça! Ai, minha cabeça!". Então o pai disse a um servo:

"Leve-o para a mãe dele." O servo o pegou e o levou à mãe, o menino ficou no colo dela até o meio-dia, quando morreu. Ela subiu ao quarto do homem de Deus, deitou o menino na cama, saiu e fechou a porta. Ela chamou o marido e disse: "Preciso de um servo e uma jumenta para ir falar com o homem de Deus. Vou e volto depressa." Ele perguntou: "Mas por que hoje? Não é lua nova nem sábado!". Ela respondeu: "Não se preocupe." Ela mandou selar a jumenta, e disse ao servo: "Vamos rápido, só pare quando eu mandar." Assim ela partiu para encontrar-se com o homem de Deus no monte Carmelo. Quando ele a viu a distância, disse a seu servo Geazi: "Olhe! É a sunamita! Corra ao encontro dela e lhe pergunte: 'Está tudo bem com você? Tudo bem com seu marido? E com seu filho?'." Ela respondeu a Geazi: "Está tudo bem." Ao encontrar o homem de Deus no monte, ela se abraçou aos seus pés. Geazi veio para afastá-la, mas o homem de Deus lhe disse: "Deixe-a em paz! Ela está muito angustiada, mas o Senhor nada me revelou e escondeu de mim a razão de sua angústia." E disse a mulher: "Acaso eu te pedi um filho, meu senhor? Não te disse para não me dar falsas esperanças?". Então Eliseu disse a Geazi: "Ponha a capa por dentro do cinto, pegue o meu cajado e corra. Se você encontrar alguém, não o cumprimente e, se alguém o cumprimentar, não responda. Quando lá chegar, ponha o meu cajado sobre o rosto do menino." Mas a mãe do menino disse: "Juro pelo nome do Senhor e por tua vida que, se ficares, não irei." Então ele foi com ela. Geazi chegou primeiro e pôs o cajado sobre o rosto do menino, mas ele não falou nem reagiu. Então Geazi voltou para encontrar-se com Eliseu e lhe disse: "O menino não voltou a si." Quando Eliseu chegou à casa, lá estava o menino, morto, estendido na cama. Ele entrou, fechou a porta e orou ao Senhor. Então, deitou-se sobre o menino, boca a boca, olhos com olhos, mãos com mãos. Enquanto se debruçava sobre ele, o corpo do menino foi se aquecendo. Eliseu levantou-se e começou a andar pelo quarto; depois subiu na cama e debruçou-se mais uma vez sobre ele. O menino espirrou sete vezes e abriu os olhos. Eliseu chamou Geazi e o mandou chamar a sunamita. E ele obedeceu. Quando ela chegou, Eliseu disse: "Pegue seu filho." Ela entrou, prostrou-se a seus pés, curvando-se até o chão. Então pegou o filho e saiu.

Quem de nós seria capaz de ter tamanho controle emocional a ponto de omitir a morte de um filho ao próprio esposo?

Será que, em meio a tanta tribulação e desespero, seríamos capazes de responder que tudo está bem, enquanto seu filho amado jaz na cama de um quarto em sua própria casa? Só mesmo a plena convicção de que existe um homem de Deus capaz de devolver a vida àquela criança.

A sunamita possuía todas as características descritas e comentadas anteriormente, e ela estava, sobretudo, transbordando de esperança e fé. Todavia ela também possuía autenticidade, atitude, coragem e verdade, mas a característica que mais nos chama a atenção é a discrição.

Por maior que fosse a sua fé no que diz respeito à ressuscitação do seu filho, a sunamita se manteve em silêncio quanto aos seus planos, quanto ao seu desejo de ver seu filho reviver. Certamente, se ela tivesse comunicado ao seu esposo sobre o que de fato havia acontecido, provavelmente ele impediria sua ida ao Monte Carmelo em busca de socorro, visto que a fé era dela em relação à possibilidade do profeta Eliseu trazer seu filho de volta à vida.

A primeira fala evidenciada na história contada, quando ela decide construir o quarto para que o profeta pudesse se hospedar, denota atitude e decisão.

No momento em que o profeta ordena que seu ajudante fosse na frente para verificar o que havia acontecido, a mulher asseverou que daquele local não sairia se o homem de Deus não encontrasse a solução. Naquele momento, a característica que se sobressaiu foi a verdade.

"JURO PELO NOME DO SENHOR E POR TUA VIDA QUE, SE FICARES, NÃO IREI."

O esposo da Sunamita, ao ser informado sobre a morte do seu filho, mesmo amando aquela criança, provavelmente duvidou da possibilidade de ele voltar a vida. Isso nos faz compreender que mesmo as pessoas que nos amam acabam, por falta de fé, dificultando, e até mesmo tornando impossível, a concretização dos nossos desejos mais profundos.

É impressionante o que ela diz ao esposo quando ele pergunta o motivo de sua ida ao Monte Carmelo, visto que não era o dia e nem estava na lua propícia: "Não se preocupe."

Quem de nós já não percebeu o gesto de um amigo, o olhar de alguém próximo ou até mesmo de um ente da família demonstrando não acreditar em nossas capacidades?

Um fato que chama a atenção: nem a mãe da criança falou o que buscava no Monte Carmelo nem o profeta recebeu a revelação de Deus.

Contudo, ao ordenar a seu servo Geazi que fosse depressa à casa da unamita, o profeta recomendou que ele fosse na frente, mas que não cumprimentasse ninguém, e se por acaso fosse cumprimentado, não respondesse.

Essa atitude nos leva a crer que havia uma preocupação por parte do profeta em guardar segredo, justamente porque alguém poderia lançar a seta da incredulidade na questão da concretização do milagre.

Geazi, ao cumprimentar alguém, poderia acabar comentando o que estava acontecendo, o que estava indo fazer, e a incredulidade alheia poderia atrapalhar, ou até mesmo impedir, a concretização do milagre.

Verdadeiramente, existem pessoas que nos cumprimentam com o objetivo de saber o que está acontecendo em nossas vidas. Sentem satisfação ao ouvirem as nossas lamentações e as nossas reclamações.

Não estou falando em viver completamente distante das pessoas, sem amizade, sem comunicação. Não é sobre isso que estou falando. Todavia é preciso ter cuidado com certas indagações. Isso significa dizer: se alguém lhe perguntar pelo seu problema sem possuir condições para ajudá-lo, é melhor calar-se; se insistir, mude de assunto e diga que não está interessado em falar sobre tal assunto.

Há pessoas que indagam sobre as nossas vidas com o objetivo de contar para outras pessoas e, até mesmo, criticar as nossas atitudes e as nossas aspirações.

É fundamental compreender que o próprio Deus não revelou o que de fato havia acontecido, apesar de ser Eliseu um homem de Deus; um profeta abençoado que profetizou que sunamita daria à luz um filho, ainda que a própria sunamita tivesse duvidado dessa possibilidade.

O profeta sabia que era algo sério, tanto que se apressou a enviar Geazi, mas nem à mãe aflita ele falou que o filho estava morto. A sunamita enfatizou que era imprescindível a presença do homem de Deus, mas ele continuou guardando segredo.

Deus é onipresente e onisciente, tudo sabe e tudo vê, mas não revelou a morte daquela criança, talvez pelo fato do próprio profeta não ficar abalado a ponto de lamentar aquela morte ou, até mesmo, se achar incapaz de resolver aquele problema.

Temos vários exemplos a serem seguidos nesse livro, quando o tema é discrição e segredo.

Relembrando um pouco as histórias contadas nos capítulos anteriores, e analisando o contexto sobre "discrição", perceberemos que, após ter sido advertida pelo seu servo que deveria tomar uma providência para impedir que uma desgraça ocorresse em sua família, em detrimento da maldade de seu marido Nabal, Abigail imediatamente providenciou os mantimentos e foi ao encontro de Davi.

Abigail, no entanto, fez tudo em silêncio. Apenas no dia seguinte, após ter tomado todas as deliberações, foi que ela decidiu contar tudo a Nabal.

Uma simples mulher, prostrada no chão, conseguiu deter mais de 400 homens. Caso ela tivesse contado para alguma amiga o que estava pretendendo fazer, certamente correria o risco de esperar acontecer o extermínio de seus familiares.

No livro de Rute, vimos que sua sogra Noemi a orientou que fosse ao encontro de Boaz. Contudo, após os dois terem conversado, ele pediu a Rute que não se deixasse ser vista por outras pessoas, até que ele concretizasse a remissão.

Em relação à Ester, seu tio Mardoqueu a orientou que guardasse segredo sobre sua descendência. Ninguém poderia saber que Ester era judia. Além de não tratar desse assunto com ninguém, ela também soube aguardar o momento apropriado para desmascarar o inimigo do povo judeu.

Todas essas mulheres tiveram coragem, foram decididas, discretas e, sobretudo, vitoriosas.

Portanto, o axioma feminino, ou seja, a verdade feminina não deixa de existir quando ela, por algumas circunstâncias, precisa guardar segredos ou analisar de maneira madura a pessoa para quem contará seus sonhos.

Por mais corajosa, inteligente, decidida e proativa que seja uma mulher, ela deve se utilizar da ferramenta conhecida como "discrição".

O relevante nessa história bíblica é o empoderamento feminino, mas talvez esse tópico nunca fora enfatizado nos locais onde buscamos ouvir a palavra de Deus. Enaltecer o empoderamento enquanto característica de uma mulher autêntica, corajosa, cheia de força, fé e esperança seria um ato de defender a caridade.

Tudo foi possível porque havia no coração da sunamita o desejo de ajudar o próximo. Ao construir o quarto para o profeta, ela verdadeiramente alicerçou sua fé.

Todavia essa experiência e essa oportunidade de aprender com as histórias vividas por mulheres empoderadas não terminam com a ressurreição da criança.

Na verdade, depois de ter vivido tamanho milagre, a sunamita precisou ser obediente ao profeta e se submeter aos seus conselhos. Subitamente, a mulher tão empoderada, teve que abrir mão de sua riqueza e deixar para trás tudo que lhe pertencia.

Isso mesmo! A sunamita teve que desistir para recomeçar.

Não lhe restava outra opção, senão deixar sua casa e suas fazendas para trás e seguir para bem distante.

Seria um castigo ou uma lição de Deus?

2 Reis 8:1-6
Eliseu tinha prevenido a mãe do menino que ele havia ressuscitado: "Saia do país com sua família e vá morar onde puder, pois o Senhor determinou uma fome nesta terra, que durará sete anos." A mulher seguiu o conselho do homem de Deus, partiu com sua família e passou sete anos na terra dos filisteus. Ao final dos sete anos ela voltou a Israel e foi fazer um apelo ao rei para readquirir sua casa e sua propriedade. O rei estava conversando com Geazi, servo do homem de Deus, e disse: "Conte-me todos os prodígios que Eliseu tem feito." Enquanto Geazi contava ao rei como Eliseu havia ressuscitado o menino, a própria mãe do menino que Eliseu tinha ressuscitado, chegou para apresentar sua petição ao rei para readquirir sua casa e sua propriedade. Geazi exclamou: "Esta é a mulher, ó rei, meu senhor, e este é o filho dela, a quem Eliseu ressuscitou." O rei pediu que ela contasse o ocorrido, e ela confirmou os fatos. Então ele designou um funcionário para cuidar do caso dela e lhe ordenou: "Devolva tudo o que lhe pertencia, inclusive toda a renda das colheitas, desde quando ela saiu do país até hoje."

Agora, recordemos a maneira pela qual a sunamita respondeu ao profeta, na ocasião em que ele e seu ajudante Geazi se hospedaram em sua casa:

2 Reis 4:13
Eliseu mandou que Geazi dissesse a ela: "Você teve todo este trabalho por nossa causa. O que podemos fazer por você? Quer que eu interceda por você junto ao rei ou ao comandante do exército?". Ela respondeu: "Estou bem entre minha própria gente."

A resposta da anfitriã teve uma conotação um tanto deselegante ao afirmar que estava bem entre sua própria gente. Isso significou dizer que não precisava mais do rei.

O profeta poderia ter se sentido constrangido, contudo procurou outra maneira de demonstrar sua gratidão e, mais uma vez, solicitou que Geazi a chamasse para profetizar que ela daria à luz uma criança no ano seguinte.

Dessa vez a deselegância se repetiu. No entanto havia a compreensão por parte do profeta, visto que seu marido já possuía uma idade avançada. Verdadeiramente, vamos admitir que só mesmo a realização de um milagre faria com que ela vivenciasse a experiência de ser mãe, mas não só isso, pois havia um estigma, uma rejeição a mulheres casadas que não podiam gerar filhos.

O profeta não decidiu sozinho como realizar uma ação que viesse a demonstrar seu apreço e sua gratidão pelo quarto. Antes, porém, solicitou que Geazi verificasse o que estava faltando em sua casa.

Não seria fácil encontrar algum objeto, ou alguma especiaria, ou algo que pudesse ser aprazível a uma mulher que já tinha quase tudo.

No entanto, com o auxílio de Geazi, foi possível retribuir a gentileza e, em especial, a caridade daquela mulher rica.

Não foi coincidência o fato de a sunamita ter ido ao encontro do rei, justamente no momento em que Geazi contava sobre os prodígios do profeta Eliseu. Aquele acontecimento providenciado pelas forças do Universo, sem sombra de dúvida, era a maneira de fazer com que aquela mulher, que em várias ocasiões desprezara a capacidade daquele servo de resolver algo que lhe trouxesse benefícios, pudesse enxergar que precisava, sim, da amizade e da caridade alheia.

A prova de que Geazi participou do oferecimento do profeta em interceder a favor da sunamita junto ao rei evidencia-se quando relemos a história no momento em que ela vai ao quarto pela primeira vez:

2 Reis 4:13
Eliseu mandou que Geazi dissesse a ela: "Você teve todo este trabalho por nossa causa. O que podemos fazer por você? Quer que eu interceda por você junto ao rei ou ao comandante do exército?". Ela respondeu: "Estou bem entre minha própria gente".

Ao reler o diálogo citado anteriormente, fica esclarecido que o próprio Geazi fala em interceder por ela junto ao rei ou ao comandante do exército. Ele poderia ter perguntado: Quer que o profeta interceda por você junto ao rei ou ao comandante do exército?

Entretanto ele indaga da seguinte maneira: Quer que eu interceda por você junto ao rei ou ao comandante do exército?

Por tudo isso, não poderia ser outra pessoa, senão o próprio Geazi.

Naquele momento, Geazi simbolizava o retorno de toda sua riqueza e o ganho de todos os rendimentos. Certamente, deve ter passado pela cabeça daquela mulher a frase que ela havia proferido ao negar que fosse apresentada a Sua Majestade: "Estou bem entre minha própria gente."

Após refletir sobre essa passagem bíblica, fico pensando a respeito de pessoas que nós acreditamos ter ajudado, ter feito alguma coisa por elas, mas que, a bem da verdade, elas é que de fato nos ajudaram e nos ajudarão.

Construir um quarto para abrigar um homem de Deus foi a ação primordial para a construção de uma nova vida.

Admiro as mulheres empoderadas, verdadeiras, corajosas e ousadas, porém admiro mais ainda as que, acima de tudo, são capazes de enxergar e valorizar o potencial do outro.

Às vezes, a ajuda e a solução dos nossos problemas vêm de quem nós menos esperamos.

A sunamita abriu mão de tudo e foi para outro país. Sete anos se passaram, mas ao retornar recebeu tudo e mais os rendimentos. Essa é a prova de como tudo que tem que ser, certamente um dia será!

Mesmo tendo deixado tudo para trás, mesmo tendo passado sete anos em um local distante, a mulher guerreira pôde retornar a seu país e recomeçar sua nova vida. Tudo isso pela gratidão de quem antes recebeu alimento e abrigo.

Por parte do profeta Eliseu, a sunamita recebeu presentes espirituais, como o nascimento de seu filho e, depois, sua ressurreição. De Geazi, ela recebeu os bens de volta e os presentes materiais.

Fim

Este livro foi composto por letra em Adobe Garamond Pro 12,0/16,0 e impresso em papel Pólen Bold 90g/m².